겨울 허수아비

겨울 허수아비

유영숙 시집

도서출판
작가마을

기다려주고 기억해준
모든 시간들과
사랑하는 이들에게

2025년
어느 멋진 고향의 가을날에

『겨울 허수아비』를 출간하며

고향 어귀 겨울 들판 한가운데
허수아비 하나가 서 있었습니다.
빈 벌판을 등지고,
바람에 몸을 맡기고,
가을을 지나온 그 모습은
어쩐지 제 아버지를 닮아 있었습니다.
누구의 시선도 닿지 않는 자리에서
묵묵히 한 자리를 지키는 존재.
울지도, 웃지도 못하고
폭설과 바람에 풍화되어가는 허수아비를 보며
저는 오래된 삶의 흔적들을 돌이켜보았습니다.
이 시집은 그런 허수아비의 시선으로
세상을 바라본 기록입니다.
한 사람의 기억이자,
모든 아버지에게 바치는 시이기도 합니다.
사는 동안 절망의 겨울 들판을 걷다가
문득 저마다의 허수아비를 만날 수 있을 독자들께
따뜻한 체온처럼 전해지길 바랍니다.

2025년 유영숙

차례 _ 유영숙 시집

序   004

Part 1 / 시간의 강
바람과 지는 꽃, 그리고 다시 피어날 봄을 기다리며

꽃은 지고	013
11월	014
바람은 때로 절망도 데려간다	015
가을 소풍	016
가을 폐막식	017
갈대	018
끝 여름	019
겨울 별	020
낙엽 주단 길	021
봄 콘서트	022
봄 쇼핑	023
봄기운	024
끝 겨울바람	025
삼한사온	026
새벽바람	027
바람길	028
바람꽃	029
까치	030
태양이 비켜 준 저녁 강가에 기대어	031
하루	032

겨울 허수아비

Part 2 / 싱아를 찾아

돌아온 자리엔 여전히 그리운 사람들, 기억들이 있습니다

냉이 한 줌	035
어린이날에	036
파란 대문 집	037
유월, 소이산에서	038
한탄강 은하수교 위에서	040
게시대 아래에서	041
망태할아버지	042
모래시계	043
무당 거울	044
동상	045
산다는 게	046
엄마의 봄날	047
아버지의 나라	048
아버지의 집	049
강물의 흔적	050
너의 뒷모습	052
지나가는 길입니다	053
처마 끝	054
기와 물결	055
제비꽃	056

차례 _ 유영숙 시집

Part 3 / 가시꽃 향기

때로는 가시밭에서 흔들리고 쓰러지면서도 꽃은 피고 집니다

사포질	059
취기	060
감기와 이별	061
그때의 나에게	062
그런 날	063
그리움은	064
글풀이	065
기억 헛간	066
기적	067
나는 다람쥐	068
나 태어난 날	069
나의 20대에게	070
기타 배우기	071
넋두리	072
달과 함께	073
달맞이꽃	074
되새김질	075
마지막 강의	076
겁보	078

겨울 허수아비

산후 우울증	079
서툰 노래	080
선인장 가시	081
안갯속에서 꿈꾸는가	082
어제	083
이별 의식	084
이별 후에	085
언젠가	086
지우개	087
진정 그리운 것은	088
헝클어진 시간	089
괜찮은 걸까	090
겨울밤	091
돌멩이 하나	092
나는 대체 어떤 강을 건너 왔는가	093
구름의 무게	094

차례 _ 유영숙 시집

Part 4 / 겨울 허수아비

차가운 겨울 들판 묵묵히 봄날을 꿈꾸는 허수아비처럼,
여전히 뜨겁게 꿈을 꿉니다

겨울 허수아비	097
아버지의 편지	098
잔설 가지	100
함박눈	101
눈발처럼	102
겨울의 미련	103
겨울, 작별의 때	104
겨울 안개	106
바람은 돌아오지 않는다	107
겨울 입구	108
귀향	109
겨울나무	110
겨울나무의 꿈	111

해설   113
• 유영숙 詩人의 『겨울 허수아비』를 읽고 / 정춘근

Part 1

시간의 강

바람과 지는 꽃, 그리고
다시 피어날 봄을 기다리며

꽃은 지고

태양은 여전히 뜨겁지만
서늘한 바람 냄새가 난다

5월의 태양이 피워주었던
꽃들 위에
태양의 마지막 숨에
꽃들은 제 분수를 알고
힘없이 지는구나

바람은 지는 꽃들을 데리고
사방에 흩뿌려주고
태양은 마지막 낟알이 영글도록
뜨겁게 비추어 준다

11월

걸어온 길은
숱한
꽃들이 피고 지고
풀벌레들이 오고 가고
철새들이 날아오고 날아가고 하였다

누군가는 태어나고 누군가는 죽고
누군가는 사랑을 했고
누군가는 이별을 하며
지나온 길

걸어온 길 보다
걸어갈 길이 짧아도
걸어온 길 밑거름 삼아
남은 길 다독여야 하는 11월

바람은 때로 절망도 데려간다

11월 바람, 얼음 냄새가 난다
그 바람 그대로 두자
가는 길이 바람길이니

떨어진 낙엽 하나가 서러워
붙들려 해도 바람은 그냥 갈 길을 간다
때로는 절망도 고통도 지고 간다

가을 소풍

하늘 높고 단풍 고운 날
소풍 가자
가슴 보따리에 추억 도시락을 싸서
우리가 자주 가던 강둑에 앉아
흐르는 강물과 바람 소리를 배경 음악으로 삼아
추억 도시락을 까먹으며 소풍을 즐기자

먼 훗날 하늘이 부를 때
모든 짐 내려놓고
떠나게 될 그날이
이렇게 아름다운 가을날이기를…
가을 소풍처럼
홀가분하게 떠날 수 있기를

가을 폐막식

가을이 농익었다
강건너 산에서 작은 짐승들의
사그락사그락 낙엽 밟고 떠나는
소리가 들리는 듯하다

여름내 도토리가 영글기를
기다리고 기다리던 다람쥐들은
겨울잠 자기 위해 마련한
동굴 옆 음식 저장고에
들락날락 분주한 모습이 그려진다
가느다란 한 줄기 바람에도
버텨보지 못하고 툭툭 떨어지는 나뭇잎들은
가을의 축제가 끝났음을
알려주는 폐막식 종이 꽃가루 같다

갈대

바람이 닿기도 전에
갈대는 먼저 엎드린다
스스로 자세를 낮추고
바람이 지나가기를 기다린다
다 같이 엎드리고
다 같이 일어난다

끝 여름

여름 태양의 입김이 나무에
간당간당 매달려 있다
마지막 힘으로 버티는가
한여름보다 더 뜨겁고 강렬하다
바람은 축축한 입김
다 빼 버리고
여름 끝에서 어슬렁거린다
여름 나무들은
더 이상의 수분을 잃지 않으려
나뭇잎과의 이별을 준비한다
새로운 바람이 이별의 문턱까지 와서
나뭇가지를 흔들고 있다

겨울 별

칼바람 부는 날에는
더 힘을 내고 있어요

외로운 그대 덜 외롭도록
아픈 그대 덜 아프도록
힘든 그대 덜 힘들도록

고개 숙인 그대
찬바람 부는 날에는
한 번쯤 하늘을 바라보세요

그대가 마음 한켠이라도
따뜻해지도록
오늘 하루 더 힘을 낸
별이 있다는 걸 기억해요

낙엽 주단 길

낙엽이 내 가는 길에 기꺼이
주단이 되어주었다
가을 내내 나무에 달려
오색 찬란 단풍별이 되어
슬픈 이별마저도 마음에 고즈넉이 품고
향기 뿜게 해주더니

이제는 기꺼이 갈색 카펫이 되어
사부작사부작 걸어가도록
지난 날 고단한 발걸음을 어루만져 주는 구나

봄 콘서트

푸른 풀이 바람에 춤춘다
풀 사이에 온갖 꽃들이 자태를 뽐낸다
나무는 적당히 그늘을 드리워주고
흙은 그들의 뿌리를 잘 붙들어준다

풀은 알토이고
꽃들은 소프라노이며
나무는 테너
흙은 베이스

지휘자는 바람이고
나는 청중이다

봄 쇼핑

무겁고 시렸던 겨울상품
땡처리도 못했는데
겨울바람 아직 끝나지 않은 거리에
수만 가지 꽃들의 신상이 등장한다
살랑살랑 바람은 최고의 쇼호스트
혹한의 바람 이겨내고
찾아온 봄꽃들이 반가워
가슴속 한도 무제한 카드로
마구 퍼 담는다

봄기운

겨울이 아직 나무 끝에
매달려 있어
바람결이 아리다

때 이른 잔 벌레들과
아른아른 아지랑이가
아직 잠들어있는 나뭇가지들 사이로
성가시게 움직인다

얼어붙어 있는 강물 어딘가에서
졸졸 물 흐르는 소리가 시작되었다

깊은 겨울잠을 즐겼던
바위들의 투정 소리가 들리는 듯하다

이제 바야흐로
생명을 위한 고통이 시작 된다

그 소란 뒤에 올
찬란할 봄을 그려 본다

끝 겨울바람

겨울 끝 바람은 성가시다
살갗 속 깊이 파고들어
거칠고 시리다

성가신 바람은
크디 큰 나무의 뿌리를 흔들어
거만하고 완고한
큰 나무의 밑 둥 틈새를 파고들어
기필코 생명의 기척을
만들어 낸다

무겁고 육중한 바위를 흔들어
그 밑의 가련한 것들의
숨통을 틔우고 작은 싹의
생명의 터를 만들어준다

겨울 끝 시린 바람은
겨울잠의 몽환을 마구 흔들어
봄의 기척을 누리에
쏟아 붓는다

삼한사온 三寒四溫

벌써 한 달 이상 영하 10도 아래서
수은주가 잠수 중이다
영상의 수면 위로 올라오는 길을
잃어버렸거나 겨울에 갇혀 빠져나오지 못하고 있다

삼한사온 三寒四溫의 규칙,
시린 세상에서 삼일 떨고 있을 때
곧 따뜻할 나흘의 기다림이
얼마나 큰 위로가 되었던가

자연이 인간에게 실망하여
지구를 얼음덩이 불덩이로
둔갑시킬 날이 머지않았나 보다
겨우내 굴속에 갇혀
모든 위로와 희망 다 버리고
겨울잠을 자는 동물이 되고 싶다

새벽바람

조선시대 목을 치던 희광이처럼
바람이 미쳐서 휘몰아칠 때
새벽은 영영 올 것 같지 않고
세상이 잠들지 못하고
두려움에 떨면 더 미쳐 날뛰던 바람…

동이 틀 때
그 바람이 지나가고
갑자기 잠잠해질 때가 있다
그때 깨어있으면 느낄 수 있었던 안도와 환희
기다리고 있는 자들에게
새벽이 그렇게 갑자기 올 때가 있다

바람길

너무 다가가지 말자
숨이 막혀 질식할 수 있다

너무 멀리 가지 말자
곧 잊혀질 수 있을 테니

숨을 쉬며 바라볼 수 있는
바람길을 열어놓고
사랑할 시간보다
그리워할 시간을 갖도록 하자

바람꽃

먼 산이 뿌옇다
작은 바람들이 모여 꽃을 피우고
큰바람을 불러들이려 하지만
지금 움직일 때가 아닌지 꿈쩍을 안 한다

작은 바람들이 죽을힘을 다해 바람꽃을 피우고
사라지고 또 다른 새로운 작은 바람들이
꽃을 피우기 위해 모여든다
큰바람을 일으키기 위해

바람꽃을 피우기 위한 작은 바람들의
혼신의 수고들은 늘 위대하다

까치

까치 찾아와
아침 창문 두드린다
긴 밤 홀로 지새운
나뭇가지에게도
먼저 인사 나누고
첫 소식 물고 와 세상에 소리친다

좋은 소식 먼저 전하려고
오늘 아침 까치가
어제처럼
호들갑스럽게 인사한다

태양이 비켜준 저녁 강가에 기대어

외로움이 밀려오면 그대
태양이 비켜준
저녁 강가에 기대어보라

강물이 그대의 한숨 소리를 안고 흐르니
맘껏 한숨도 쉬어보아라
한숨 소리는 들리지 않는다

태양이 비켜준 강가에 기대어
외로움에 차오르는 울음을 참지 마라
노을이 그대의 눈물을 품어 준다

태양 앞에서 목 놓아 울던 새도
울음을 내려놓고
조용히 그대를 위로해준다

견디기 어려운 외로움이 밀려오면
태양이 비켜준 강가에 기대어
외로움을 띄워 보내라

하루

엿가락처럼 늘어지는
멀쭝멀쭝한 하루가 시작되었다
수많은 아침에 가스라이팅 당한
나의 눈꺼풀은 아무런 저항 없이
자동으로 열린다

창밖 너머 산, 또 산, 또 산…
넘고 또 넘어야 할 하루
또 그렇게
지루하고 길 하루가
의지와 상관없이 열렸다

Part **2**

싱아를 찾아

돌아온 자리엔 여전히
그리운 사람들, 기억들이 있습니다

냉이 한 줌

장날인데 시장가서
장 좀 봐 주소

젊을 땐 감히 시장 보는 일 따위는
거들떠보지도 않더니
흔쾌히 다녀온 남편의 소소한 장바구니에
때 이른 냉이가 들어있다

삶아서 이것저것 넣고 버무려 봄을 초대 한다

젊을 때보다 식욕은 줄었지만
좀 무기력했던 시간들에 봄을 대하니
젊을 때 모르던 복잡 미묘한 감정이 몰려온다
사는 게 참…
(60대 노부부의 귀촌일기)

어린이날에

"나는 커서 아빠랑 결혼할거야.
검은 콩 먹여서 흰머리를 안 나게 할 거야."
딸아이가 크레파스를 들고
아빠를 그리며 말했습니다
아빠 코, 아빠 눈… 아이는 하나하나 그려 넣으며
회사 가서 밤늦게 오는 아빠를
마음에 새겨놓고 그림으로 꺼내고 있었나 봅니다
내가 조용히 물었습니다
"그럼 엄마는 어찌하구?"
아이가 가만히 생각하더니

"엄마는 어머니로 모셔줄게." 했습니다

그런 딸아이가 사춘기가 되더니 대체 왜 아빠 같은
남자하고 결혼했냐며 이해못한다고 했죠
서른이 훌쩍 넘은 딸은
이제 아빠의 친구로 잘 지내고 있습니다

갑자기 딸아이에게 남편을 뺏길 뻔했던
아찔했던 날의 사랑스런 꼬맹이가 생각나는
어린이날입니다

파란 대문 집

아버지가 파란 페인트로
칠한 동네에서 가장 멋진 대문

그 대문 안으로 들어가니
낯선 사람들이 나를 쳐다본다
모든 것이 정겨운데 분명 우리 집이 아니다
마루도 광도 낯설고
나를 대하는 눈빛들도 낯설다

혼비백산하여 밖으로 뛰쳐 나와
주변을 보니 우리 동네가 아니다
여기가 어디인가 몸도 정신도 혼미해진다
그리고 정신을 차린다
땀으로 흠뻑 젖는다
다행히도 꿈이었다

자주 비슷한 꿈을 꾼다
길을 잃고 헤매인다
꿈속에서 단 한 번도 제대로 집을 찾아 본 적이 없다
아버지가 칠해준 파란 대문 집
그 집이 과연 내가 찾고 있는 집인가

유월, 소이산에서

소이산 꼭대기에 서면
철원 사람들의 젖줄, 철원 평야가
생명력이 넘치는 초록 바다를 이룬다
그 광활한 벼 바다는
무념무상의 경지에 이르게 하여
모든 괴로움과 고통을 다 벗어던지도록 위로 한다

평야를 둘러싼 사방의 산들은,
평야를 호위하듯 에워싸고,
가을이 오면 황금빛 결실을 바라며
어떠한 고난과 역경 속에서도 평야를 지켜내겠다고
굳건하고 묵직하게 서 있다

소이산 꼭대기에서 바라보면,
멀고도 멀지 않은 북녘의 산봉우리들 너머에
생이별을 한 채로 살아가는
우리 민족들의 아픈 이별에 가슴이 먹먹하다
평야와 하늘이 하나가 되어
그 사이를 떠가는 구름이
이쪽저쪽 소식을 전하고

지평선 너머에
녹슨 철조망을 걷어내는 날을 기다리겠다

한탄강 은하수교 위에서

억겁의 시간이 빚어내고,
또 빚어내고 하염없이 빚어낸
다리 아래 물속 바위들은
찰나의 순간을 지나가는
가련한 우리 미생들을 묵묵히 지켜보고 있구나

별들이 흘러 지나가는 은하수처럼
우리 가련한 미생들이
찰나의 작은 미생임을 성찰할 수 있도록
이곳에 다리를 만들어 놓았구나

게시대 아래에서

집 창밖에는 집채만큼 큰 게시대에
줄줄이 자랑 전리품들이 달려있다
바람이 세게 부는 날에는 강바람이
자랑 열매들을 흔들어 흉흉 불편한 소리가 들린다

모모씨 부부의 아들 모모군이
명문대 합격
모모씨 부부의 딸 모모양이
대기업 취업 합격…

게시대는 자랑 전리품들을
끌어안고 밤바람과 싸워내고
그 거친 소리에 나는 잠을 설치고 있다
올해도 대학 입학 실패한 사랑하는 제자들
몇 년째 취업 도전 실패한 제자들
자랑 전리품들을 바라보며
오늘 밤도 한숨 쉬며 뒤척이고 있겠지

망태할아버지

어릴 적
길 건너에서 망태할아버지 살았다
삼태기 메고 집게 들고
우는 아기 삼태기에 넣어 데려간다 했다
망태할아버지 무서워
눈물 삼키는 버릇이 그때 생겼다
사랑하고 이별 후에
가슴이 찢어지게 아파도
눈물을 삼키는 게 흘리는 것보다
더 힘들어도 참고 삼켰다

망태할아버지 무서워
삼킨 눈물이
내 가슴속에 고여 흐르지 못하고
가끔 악몽으로 찾아온다

모래시계

유리 안에 지나간 사랑의
시간들이 갇혀있다
유리를 깨부수면
갇혀있던 시간들이 철 가시되어
나를 찌를까 봐 무서워 차마 깨지 못한다
유리 안의 모래처럼
내 사랑도 이별을 받아들이지 못하고 있다

무당 거울

나의 거울은 무당이다

우울한 마음 감추고
웃어보아도
억지웃음의 어색함을 알아차린다

세상 어색하다

동상凍傷

찬바람이 불기 시작하니
어릴 적 동상으로 고생했던 겨울이 온다

손등이 갈라지고 갈라진 틈에서 피까지 나왔다
뜨거운 물에 퉁퉁 불려 바세린을 바르고…
몹시 쓰리고 아프고 따갑고
그 과정에 시간이 얹혀지면
손등이 거북이 등가죽처럼 뚜둑뚜둑 단단해졌다

인간사의 이별도 동상과 같다
가슴이 쓰라리고 아프고 따갑다
시간이 흐른 뒤에야
여리던 가슴이 한층 더 단단해진
거북이 등가죽이 되는

산다는 게

별일 없이 눈을 뜨고
별생각 없이 창밖을 바라보며
어제 무심했던 새들에게
오늘은 특별히 안부를 묻고
별 일없이 하루가 지나도록 기도하는,
늘 찾아오는 아침 햇살이
가끔 천둥치는 감동처럼
특별하게 다가올 때가 있더라

엄마의 봄날

봄이 오면 늘 엄마는 새벽부터 집에 없었다
해질녘에 돌아와
소쿠리 안의 것들을 마당에 풀어놓았다

소쿠리 안에
온갖 푸른 나물들 사이에는
우리 다섯 남매가 목 놓아 기다리던
싱아가 있었다

살아온 기억들을 놓치기 시작하면서도
봄이 되면 엄마는
저 산에 고사리 취나물 캐러 간다고 했다

소쿠리 안에 가득 들어있던 나물들은
엄마의 소소한 행복이었다
기억과 몸이 쇠잔해지는 마지막까지
봄날의 기억을 붙들고 있을 것 같다

아버지의 나라

아버지 부르면 목이 메여
이름조차 자주 부르지 못했습니다
늘그막에 돌아온 고향은
아버지와의 시간들을 더 자주
가져다 줍니다

등짐 지고 휘청휘청 걷던
아버지의 뒷모습에
처음으로 쿵 가슴이 내려앉던 날은,
아마도 나는 철이 들기 시작하고
당신은 늙어가기 시작한 접점이었나 봅니다

아버지,
당신이 있는 하늘나라와
까치발로 올려다보는 내가 사는 나라
그 사이가 너무 멀어서
오늘 유난히 그립습니다

아버지의 집

아버지는 가족이 불어나자
허허벌판 갈대 무성한 개울 옆 벌판
볼품없는 땅을 헐값으로 샀다

목수였던 아버지는 우리 다섯 남매를 데려가
땅바닥에 막대기 들고 큰 사각형을 그렸다
방, 마루, 부엌, 헛간 그리고 변소…
큰 사각형 안에 작은 도형들이 그려지고
그것들의 이름이 채워졌다
인건비 아끼며 아버지는 거의 홀로
등짐 지어 나르며 우리들 공간을 이루어내었다

봄, 여름, 가을을 거치면서
엄마와 동생들과 함께 완성되어가는 집을 바라보며
그 공간에 들어가 부대끼며 사는 꿈으로 부풀어있었다
그 집에서 우리는 행복했던 것 같다
결국 모두 떠난 그 집에 돌아와
웃음 가득했던 그 시간들을
추억하고 있으니 말이다

강물의 흔적

한때는 유유히 제 길 따라 흐르던 강
비 쏟아지면 거칠게 퍼 올라
무엇이든 삼켜버리던
서슬 퍼랬던 강

이제는 이파리 떨구고
바람 앞에 덜덜 떨고 있는
빈 나무처럼 말라버렸다

강이었던 길 따라
갈대들이 줄지어 바람에 몸을 맡기고 흔들리고 있다
햇살 좋던 어느 날 빨래 들고 모여들던 아낙들의
속삭임을 받아주던 강
아이들이 웃으며 발가벗고 뛰놀던 강

이제 남은 건 웅덩이 몇 개뿐,
그 안에 갇혀 숨 끊어질 듯 버티던 물고기들
수초들 무성한 늪지 속에서
자갈은 화석으로 남았는지 몰라도
바람 불면 갈대들만

힝—힝—
울음 삼키듯 흔들린다

너의 뒷모습

우연히 성당 앞을 지나가다
녹녹치 않은 내 삶의 실타래를
혹여 풀어볼까 하여
기도실에 들어갔더니

어깨를 축 늘어뜨리고
앞 의자 등받이에
엎드려 기도하는
너를 먼 발치에서 보았다

너의 간절한 기도에
나의 소소한 기도를 얹어 주고
기도소를 슬며시 나왔다

지나가는 길입니다

지나가는 길에
예고 없는 폭우를 만났습니다
피할 곳이 없어
그냥 맞았습니다

지나가는 길에
예고 없이 사랑을 만났습니다
피할 수 없어
그냥 뛰어 들었습니다

그리고 지나가는 길에
육신의 병病을 만났습니다
살살 달래며 같이 가는 중입니다

처마 끝

지붕 위에 쌓인 눈,
봄의 입김에 스르르 녹아
처마 끝에 걸터앉는다

봄기운에 사방이 미소 지으며
얼른 뛰어내리라 손짓하는데
추락의 관문을 통과해야 하는 두려움에
나아가지 않고 영원히 물받이에
머무를 안락을 잠시 꿈꿔본다

봄의 기운에 밀려
휘이휘이 자유로워질 물을
잠시라도 품었던 처마는
떠나갈 물을 슬그머니 등 떠밀어 준다

기와 물결(瓦水)

어느 먼 옛날
강원도 작은 마을로 부임을 받은 고을 현감이
오성산 마루에 올랐다네
먼발치 아래 푸른 산들 사이로
잔잔한 파도 물결이 웅장하게 보였다네
바다도 아닌 곳에 잔잔하게 일렁이는 파도
그것은 햇빛에 반사되어 아름답게 출렁이는
기와 물결이었다네

기와 물결 넘실대던 내 고향
그곳이 내 고향 와수瓦水라네

드넓은 김화 평야와
한탄강 줄기를 기반으로
풍요로운 고장, 와수

웃고 울고 부대끼며 살아온 고향에서
옛날 그 명성을 되새겨보며
내 마음에도 물결이 일렁이네

제비꽃

스쳐 지나가는 인연에 매이지 않으려고
작게 더 작게 피었구나
무심히 지나치면 보이지 않고
자세를 낮추면 보이는 건
마음 두는 눈길은 꼭꼭 지켜내려는 것

사방에 흔하게 피어있어도 야단스럽지 않고
홀로 있는 듯 고요하고 우아하구나
가시덤불 속에서도
고고하게 네 자리 지키며
함께 어울렁 더울렁
아름답게 피어있구나―

Part
3

가시꽃 향기

때로는 가시밭에서
흔들리고 쓰러지면서도
꽃은 피고 집니다

사포질

아버지는 목수였다

뭐든지 뚝딱뚝딱 마술 부리듯 만들었다
그러고는 그 물건을 사포질하는데
많은 시간을 보냈다
한여름에도 뚝뚝 땀 흘리며
거친 표면 나무가시에 누가 찔릴세라
정성을 다해 사포질을 했다
지켜보는 어린 내 눈에
나무가시들이 떨어져 나가고
표면이 부드러워지는 과정이 신기하기만 했다

세상은 나를 사포질한다
수천 개의 가시를 뿐지르고 팽개친다
아버지의 사포질은 표면만 건드렸는데
세상 사포질은 나의 깊숙한 곳까지 들어와 깎아 낸다
너무 작아져 내가 보이지 않는다

아버지는 먼 길 떠나고
고향 바람 속에서는 그리운 사포질
소리가 들린다

취기

나는 꿈에 취해 있고
너는 술에 취해 있다

아이는 잠에 취해 있고
어미는 아이에 취해 있다

별은 어둠에 취해 있고
사랑은 착각에 취해 있다

누군가 버린 쓰레기는 바람에 취해
통 밖으로 나가려 발버둥 치지만
취한 바람은 쓰레기를 눌러버린다

세상이 온통 취해 있고
정신을 차리려는 몸부림도
취기를 이겨내지 못한다

감기와 이별

몸이 으스스 떨린다
가슴이 으스스 시리다

온몸이 불처럼 뜨겁다
가슴팍이 불처럼 뜨겁다

몸이 쑤시지 않는 곳이 없다
가슴이 아프지 않은 곳이 없다

감기는 보름 아프면 낫는데
벌써 보름이 백번이나 더 지났는데도
이별의 아픔은 나을 낌새가 없다

그때의 나에게

사랑한 날보다
그리워한 날이 더 많았다

다시 만난다는 게
부질없음을 알고도 기다렸다

소리 내어 엉엉 울었더라면
차라리 털어버렸을까

이제야
그때의 나에게 묻는다
지금은 괜찮은 척하는 것이냐고

그런 날

무심코 바라본 하늘이
너무 맑아
무언가 벅찬 감동이 차올라와
눈물이 흐르던 날
종이를 꺼냈다
펜을 꺼냈다
아름다운 언어들이 쏟아져 나올 것 같았다
넋 놓고 종이만 바라보다
그 느낌 적어낼 언어가
떠오르지 않아

펜을 내려놓던 날
소중한 것을 잃은 것 같은 날

그리움은

그리움은
가슴에 묻어 두는 거더라

묻어 두고
아주 가끔 꺼내어 보는 거더라

죽을 만큼 힘들어도
잠시만 꺼내 보는 거더라

그리움은
자주 꺼내 보면
미련이 되는 거더라

그리움은
가슴에 묻어 두어야 하더라

글풀이

어제 쌓인 외로움을
글로 푼다

가끔은 내 마음과 달리
툴툴거리는 나를 달래려
글로 푼다

가끔 살기 위해
세상일을 쫓는 내가
안쓰러워 글로 푼다

기억 헛간

가끔은 기억의 헛간으로 들어가
케케묵어 곰팡이가 폴폴 날리는 기억도 건져내어
마주할 용기를 내고 싶다

그때 시간에 맡겨놓았던 그런 기억들을…

감히 꺼내어
가끔씩 일상에서 나를 건드렸던
아픈 기억들을 돌아볼 시간을 갖는다

기적

언젠가는 입겠다고 대기시켜놓은,
수십 년 동안 입지 않은 옷이 수두룩한 옷장

언젠가는 다시 꺼내 보겠다고 대기시켜놓은,
한번 읽고 다시는 펴보지 않은 책들이 수두룩한 책장

언젠가는 만날 것이라고 대기시켜놓은,
만나는 건 고사하고 연락도 않는
이름들이 수두룩한 스마트폰 연락처

이 모든 무거운 걸
끌어안고 살아내는 게
기적이다

나는 다람쥐

오늘도 나는 학생들과
삼십 년간 돌린 쳇바퀴를 돌렸다

어떤 날은 당장 죽어도
아깝지 않을 열정이 솟구쳐 나오는데
오늘은 그냥 무덤덤하게
쳇바퀴를 돌렸다

가끔은 보람차고
가끔은 지치고
가끔은 쳇바퀴 밖으로 뛰쳐나가고 싶다

오늘은 생각 없이
쳇바퀴가 나를 돌린 건지
내가 쳇바퀴를 돌린 건지 쳇바퀴와 내가
뫼비우스의 띠처럼 돌고 있었다

나 태어난 날

하늘은 파랗고
맑고 청아한 날이었다 했다

마당에서는 여름내 태양과 비를 맞으며
잘 영근 벼 이삭들을 탈곡하고 있었다 했다

마당의 탈곡을 도와주러 모인
사람들 속에서
엄마의 산통이 시작되었다 했다

탈곡이 끝나고 저녁 해가
서산을 넘어가면서
어둠이 사방이 깔리기 시작할 때
내가 세상에 나왔다 했다

오늘도 하늘은 눈부시게 높고 아름답다
저 하늘 위 이 구름 저 구름
바꿔 타며 세상을 내려다보고 싶다

내가 태어난 날처럼
늘 나의 날들이 맑고 청아한 날이기를 바랬었다

나의 20대에게

그때 차마 묻지 못했어

꿈을 꾼 시간보다
꿈을 포기하고 생업에 매달렸던 이유를
가난한 부모에게 갑자기 화내고
가슴 아파 밤잠 설치고 울었던 이유를

꿈의 욕망이 불쑥불쑥 솟아오를 때
그 꿈을 누르느라
하얗게 불면의 밤을 보냈던 이유를

다섯 남매의 맏딸이 대학을
선택하면서
기울어져 가는 집안 형편을 보며
더 악착같이 일어서려고 몸부림쳤던 이유를

물어보면 울음이 터질까 봐
물어보면 답이 없을까 봐
이제야 답할게
수고했어 나의 20대여!

기타 배우기

아프다
그래도 견딜만 하다
얼마나 더 아파야
제대로 소리를 낼 것인가

마음이 급해 손가락을 아무 곳으로 옮긴다
하루에 서너 시간 꼬박
손이 쇠줄에 눌린다

겨우 노래 하나 완성하고 기쁘지만
손끝 아림이 남아있다

사랑은 배웠어도
이별은 아직 배우지 못해
손끝에 남은 진동이
서툰 이별처럼 아프다

넋두리

엄마는 내가 되었다

수십 년 살아온 소소한 추억들을
모두 부질없는 것으로 만들어 버렸다
몇 초전에 일어난 일도 망각해버린다

하나둘 세상 떠나는
친구들 보며
가슴 아파하더니
이젠 산 자와 죽은 자의 경계도 모른다

늘 손에 들고 다니는
스마트폰 둔 곳을
허구한 날 잊어버리고
찾아달라고 아우성이다

내가 떼쓰며 받아내던
많은 것들을
이제 엄마가 내게 받아내려 한다
엄마는 내가 되었지만
나는 그녀의 엄마가 되기 싫다

달과 함께

헝클어진 마음을 가다듬어보라고
문밖에서 기웃거리던 보름달이
밤 외출을 권유 한다

발걸음을 뗄 때마다
보름달이 앞서서 비추어준다

일상의 작은 티끌 하나가 외로움과
한통속이 되어
텅 빈 가슴을 바늘 끝처럼 찌른다
대낮에 자주 걷던 길이 밤이 되니 초행처럼 생소하다
정겹던 개울물 소리마저 냉정하게 들린다

내 그림자에 겁먹고 돌아서서 집으로 향하는 내 뒤로
앞서서 끌어주던 보름달이
이제는 뒤에서 조용히 밀어준다

달맞이꽃

뜨거운 태양 아래서
가슴 한가득
그리움 품고 버티어 서있네

해 바라는 화려한 꽃들이
한껏 뽐내며 자랑하고 비웃어도
너 달맞이꽃은 달 바라는 별난 사랑
가슴에 담고 고개 숙이고 있네

어둠이 누리에 찾아오고
서산에 달빛 비추니
그제야 별난 사랑을 노랗게 피우네

되새김질

나는 가끔 소(牛)가 된다
듣고 싶지 않은 불편한 말이
가슴에 콕 박혀 소화가 되지 않는다
뱉어내고 토해 내려 별짓을 다해도
형체도 없는 말이
나를 옭아매고 괴롭힌다
단단해진 불편한 말 덩어리를
되씹고 삭이고 되씹고 삭여도
목에 턱 걸린다
하찮은 말 한 마디에 밤새,
혹은 며칠 계속 되새김질하는
나는 가끔 소(牛)가 된다

마지막 강의

나는 무슨 꿈을 꾸었던가

멋진 남편 만나는 꿈을 꾼 거라고
말하는 사람이 있었다
멋진 직업을 갖는 꿈을
꾼 거라고 기대하는 사람도 있었다

내게 대학은 오르지 못할 나무였는지도 몰랐다

가난한 부모가 그랬고
시골의 작은 세상 울타리가 그랬고
무엇보다 동생이 넷이나 있는
대한민국 장녀의 위치가 그랬다

그래도 그 오르지 못할 나무를
쳐다보며 청춘을 바쳤다

나무에 올라가 바라본
꿈의 실체…
일 단계 꿈을 이룬 청춘은 늘 외롭고 추웠다

그래서 마지막 강의를 마치고
자취방에서 나는 밤새
홀로 울었던 거 같다

미래가 불투명했고,
아버지의 희생을 모른척 하고 싶었다
그렇게 청춘의 한 페이지가 넘겨졌다

겁보

내 안에서 나를 지키려는가
일어나지도 않은 것들을
미리 준비시켜 주는가

이놈의 겁 때문에
많은 것들을 놓쳤지만
소심한 겁보 때문에
많은 것을 지킬 수 있었다

산후 우울증

아들아, 실은
널 낳고 엄마는 너무 힘들었단다

뱃속에 있을 때는
상상도 못한 마음의 고통이 찾아 왔단다
네가 예쁘고 소중한 건 알겠는데 도망치고 싶었단다

이 현실에서 도망칠 수 있다면…
어쩌면 끔찍한 상상도 하며 눌렀던 것 같구나
나중에 알았단다 그게 산후 우울증이란 것을…

너무나도 소중한 것을 얻었을 때
지켜내야 한다는 간절함과 욕심과 책임,
그리고 두려움

음…
지금 네 아내가 그렇다는구나

서툰 노래

초록이 춤추던 여름날 밤
강물에 발 담그고
등 대고 앉아
나만을 위해 불러주던
서툰 그 노래가
그립다

세상이 온통 명가수들의 노래로 가득한데
그 시절 서투르게 불러주던
그 노래가 갑자기 그리운 건지…

선인장 가시

가슴 깊숙한 곳에서 독기 품은 가시가 나온다
살기위해 버둥대는 버거운 시간
온종일 내리꽂는 태양처럼
너무 뜨겁고 아프다
여린 이파리로 살고 싶었는데
자주 성난 짐승들의 원인 모르는 공격을 받는다
먹어치우지 못해 달려드는 사나운
세상의 먹이가 되지 않으려고
독한 가시를 만들어 낸다
새벽에 가시에 맺힌 이슬방울이
타는 목마름을 잠시 축일 때
환상幻像을 만날 수도

안갯속에서 꿈꾸는가

도도한 태양이 동쪽에서
거창하게 등장하기 전에
잔 광光들이 먼저 나타나 태양을 예고한다
분주하게 동녘에서 먼저 태양의 자리를 준비하려
사방에서 나타날 때
안개는 꿈꾸는 자들을 외면한다
순식간에 태양이 범인 잡는 형사처럼
집요하게 안갯속을 파고든다
흔들리던 안개는 사라진다

안개는 꿈꾸는 자들을 외면하고 흩어진다
안개가 벗겨진 세상은
모두 알몸들이다

어제

우울했다
답답했다
서운했다
힘들었다
외로웠다
걱정됐다
그리웠다
미안했다
그래도 지나갔다

이별 의식

불 꺼진 집에 들어와
눕자마자 온몸의 에너지가
풍선에 바람 빠지듯
빠져나간다
깊은 잠의 수렁 속으로 빠져든다
이별의 출발, 이만하면 괜찮다

한밤중에 잠에서 깨어난다
깜깜한 적막이 이별 사건에 얹혀진다

사랑했던 시간 시간들이
모래 늪으로 빨려 들어가
다시는 일상으로 돌아오지 않을 거란 절망으로
비로소 이별의 고통이 시작된다
있음이 없음이 되는 생의 허무가 시작되었다

이별 후에

시간을 채찍질하면
금방 지워낼 거라던 허세는
점점 더 채찍질의 톱니바퀴에 끼어
허우적거리며 빠져있었다

죽을 만큼 아팠는데
죽지 않고 살아있다

언젠가

언젠가 나두
모든 이별에 초연해지는
날이 올까?

언젠가 나두
삶과 죽음의 숙명을
초연히 받아들이는
날이 올까?

지우개

어제의 실수를 지우려고 시도해본다

너무 세게 눌러
실수의 기억들이 종이 깊이 새겨져 더 선명해진다

지우고픈 기억 따라 살살
달래듯 지워나가야
기억이 흔적 없이 사라질 텐데

오늘도 나쁜 기억 지우려
안간힘을 쓰며
지우개로 나를 지우고 있다

진정 그리운 것은

사랑은 짧고 그리움이 곱절로 더 길었던
그때의 그 미련한 가슴이 그립다

뜨거운 사랑은 잠시
시린 이별로 불면의 밤을 보낸
그때의 어리석은 가슴이 그립다

자신의 몸보다 몇 배나 큰 먹이를 물고
집으로 열심히 나르는
작은 개미가 안타까워 반나절 지켜보던
그때의 그 순수 가득한 가슴이 그립다

이제는 미련하고 어리석은 가슴을
세상의 기대대로 눌러버리고,
젊은 시절 사랑했던 크눌프*를
사랑하지 못하는 똑똑해진 지금의 내가 안타까워
바보 같았던 나를 그리워하는 것이다

---

* 크눌프 : 헤르만 헷세의 소설 – 떠돌이 방랑자, 관습과 속박에서 벗어
   난 자유로운 영혼과 삶을 살았던 주인공

헝클어진 시간

여름 막바지 한가운데로
가을이 파고들어 시간을 헝클어놓았다
수년 전의 이별은 어제 일 같고
어제의 이별은 수 년 전의 일 같다

가을바람이 지나가는 길에
수십 년 전의 이별을 던져놓고
어제의 이별은
무심하게 끌고 가 버린다

과거는 보이지 않는 아득한 미래 같고
현재는 4차원의 어딘가에 하염없이 머물러있고
미래는 자욱한 안개에 묻혀있다

가을은 모든 시간들을
사방에 헝클어
놓고 내가 걸려들기를 기다린다

괜찮은 걸까

괜찮은 걸까
둥지로 돌아가다
거센 바람 맞닥뜨린 새들은

괜찮은 걸까
어제까지 젖을 물리던 어미가
로드킬로 무지개다리 건넌지도 모르고
어미를 기다리는 아기고양이는

괜찮은 걸까
이별하고 돌아와
사는 게 의미 없다며
숨 쉬는 것도 힘들다던 아이는

괜찮은 걸까
이런저런 생각들로
머릿속이 늘 헝클어져 있는
나는

겨울밤

차가운 눈발이 칼날처럼 살갗을
파고드는 추운 겨울밤

술에 취해 휘청이는 사내
가로등에 기대어
눈송이들 떨구는 하늘을 향해
뜻 모르는 언어들을 중얼 거린다

숨결조차 얼어붙어
지친 하루의 무게가 버거워 보인다
대체 언제까지 욕설 같은 중얼거림 멈추고
제 갈 길을 갈지

내 발길을 붙잡고 있는 건 연민인가
저 주정뱅이 푸념소리를
언제까지 들어야 할지 모른 채
눈발 속에 묻혀 넋 놓고 서 있다

돌멩이 하나

포장한 골목 모퉁이에
작은 돌 하나가 발에 채인다

비포장이었던 골목 수많은 돌멩이들 사이에서
내가 크다, 작다, 곱다, 못생겼다
서로 수다스런 우정을 나누며
가끔 아이들의 돌팔매질로 먼 곳까지
날아가던 돌멩이가
한 세상 돌고 돌아와
지금 내 발 앞에 구르고 있는 것 같아
전혀 낯설지가 않다

나는 대체 어떤 강을 건너 왔는가

낡은 울타리 문을 밀고 들어서자
익숙하지만 놓쳐버린 안타까운 그리움의
바람이 훅 지나갔다
우물가에서 빨래하던 아낙네들과
우물가 옆 빨간 열매를 주렁주렁 달고 있는 앵두나무
호호 깔깔 울려 퍼지는 아이들의 웃음소리…

한동안 그 자리에 서서
내가 들어갈 자리를 해매며 찾아보다가
꿈에서 깬다

나는 대체 어떤 강을 건너 왔는가

구름의 무게

바람 끝에서 물비린내가 난다
물을 안고 불어오는 바람이 무겁다
이별을 견디는 자처럼
구름은 바람을 견디고 있다

손을 올리면 닿을 것 같은 높이에서
바람이 혹여 심술이라도 부리면
구름은 물 폭탄을 쏟아낼 것 같다

이별의 징조
곧 쏟아질 눈물의 조짐
그런데 나는 우산이 없다

Part
4

겨울 허수아비

차가운 겨울 들판 묵묵히
봄날을 꿈꾸는
허수아비처럼, 여전히 뜨겁게
꿈을 꿉니다

겨울 허수아비

추수 끝난 겨울 들판에
지푸라기 허수아비
빈 들판 웅덩이에 켜켜이 얼음이 얼어
외발 붙들려 갇힌 채
어디로 가고 싶은가

외로움 꾹꾹 삼키며 울고 있구나

문득 고향 집에 홀로 남아
도시 불빛에 홀려
고향 떠난 자식들이
행여 외롭지 않을까 걱정하던
내 아버지 같아라

도시 불빛에 뛰어들던 불나방 되었던 나도
날개는 다 타버리고
너덜너덜 상처만 남은 날갯죽지 안고
나 여기 다시 돌아왔노라
겨울 허수아비여, 나의 아버지여

아버지의 편지

 다섯 남매의 맏딸로 태어나 굳이 대학진학을 하였고
 기울어지는 가정 형편에 책임과 좌절을 겪던 어느 날,
 목수였던 아버지가 큰 자루에 연장과 자재를 담아
 등짐 지고 휘청휘청 걸어가던 장면에
 내 알량한 효심은 자극당하여 밤새 울며 뒤척이다
 평생을 부모를 위해 살겠다고 다짐하고 절절한 고백 편지를
 아버지에게 보냈다 아버지는 이내 답장을 보내왔다

"부모를 향한 효도로 네 인생을 바치겠다는
 너의 편지를 읽고 이 아비는 마음이 편치 않았다.
 물은 거꾸로 흐를 수 없고
 자연의 모든 것은 다음 세대를 위해 기꺼이
 한 세대를 바치는 법
 하물며 인간이 거슬러 사랑을 한다는 것이
 얼마나 어리석은 일인지를 말해주고 싶구나.

 내가 너희에게 준 사랑이 열이라면
 너는 자식에게 열둘을 주어야 한다.

열둘을 받은 네 자식은 또한 그의 자식에게 열넷을 주고…
　이렇듯 사랑은 아래로 흘러야 한다.

닭이 알을 품어 병아리가 태어나고
스스로 먹이를 구할 수 있을 때까지는
어미는 자신의 목숨을 걸고 지켜주지만
혼자 힘으로 먹이를 구할 수 있게 되면
가차 없이 어미의 세계에서 쫓아낸단다.
곧 너희 힘으로 살아갈 날이 오게 되면
부디 다음 세대를 위한 생을 살아가기를
이 아비는 바란다."

아버지, 당신의 말씀을 가슴에 새기고
잊지 않겠습니다

(2025년 어버이날, 1983년 아버지 편지를 꺼내어보며)

잔설 가지

바람 끝에 봄 아지랑이가
매달려있다

북향 나뭇가지엔
폭설의 잔흔이 남아있다
겨우내 바람과 눈보라 견뎌온
가지들에겐
잔설은 그저 지난날의
작은 상흔이다

생의 겨울날 시련의 흔적,
녹지 않는 잔설 가지 하나쯤
누구나 가슴에 품고 살아간다

함박눈

춤추듯 사뿐사뿐 땅으로 내려앉는다
커다란 눈송이들이 직선의 길을 택하지 않고

뒤를 잇는 눈송이들도 속도를 내지 않고 쏟아진다
천천히 느릿느릿 자기 속도대로

쏟아진다는 표현이 무색하게 내려앉는다
아주 천천히 그러나 웅장하게

소음도 신음도 들리지 않는다
엄청난 눈송이들이 함께 내려오고 있지만 충돌이 없다
아니, 충돌이 있겠지만 우아하게

도로에 자동차 하나가
3초의 시간을 기다리지 못하고
앞차를 향해 짜증 섞인 클랙슨을 마구 눌러댄다
눈송이들은 아랑곳하지 않고 소리 없이 가볍게
성난 차창 유리에 내려앉았다가
금방 녹아서 눈물처럼 흘러 내린다

눈발처럼

이별을 고하고 돌아선 그날
눈발이 춤추고 있었다
가로등 아래 불빛을 무대 삼아

눈송이가 너무 가벼워
땅에 닿기도 전에 컴컴한 무대 밖으로 날아가
시야에서 사라지고
또 다른 눈발이 연이어
가로등 불빛 아래 무대로 들어왔다

우리 사이가 너무 가벼웠던가
땅에 닿지도 못하고
무대 밖으로 사라진 눈발처럼
슬픔이 가슴에 닿기도 전에
사랑이 밖으로 날아가 버렸다

겨울의 미련

바람 끝이 무디어지고
태양이 더 긴 시간을 머물다 가고
개울물이 기지개를 편다

겨울이 밍기적거리다가
한바탕 사방에 눈을 뿌려댄다
겨울의 미련 덕에
눈꽃 세상이 되었다

가시려는 님
발걸음 늦추고
잠시라도 밍기적거리면
눈꽃 세상처럼
내 마음에도 잠시 꽃이 필까

겨울, 작별의 때

창밖의 햇살에 현혹 된다
길었던 겨울의 끝자락
이제 작별할 때다

겨울이 아직 나무 끝에
달려 있어
바람결이 아리다

때 이른 잔 벌레들과
아른아른 아지랑이가
아직 잠들어있는 나뭇가지들 사이로
성가시게 움직인다

얼어붙어 있는 강물 어딘가에서
졸졸 물 흐르는 소리가 시작되었다

깊은 겨울잠을 즐겼던
바위들의 투정 소리가 들리는 듯하다

이제 바야흐로

새 생명을 위한 진통이 시작된다

그 고통 뒤에 올
찬란할 봄을 그려본다

겨울 안개

새벽 창밖
눈 쌓인 강 건너 산은
겨울 안개로 흐릿하다

흩뿌리는 눈은 뿌연 안개 속에서
시야를 더욱 흐릿하게 하고
이성적 사고의 흐름을 차단해버린다
안개와 눈의 가림막 속에서
차라리 대놓고 한숨을 쉬는 미련이 있다

미련을 지켜주는 것이
눈발인가 겨울 안개인가
부질없이 지나가는 시간에
모든 것이 겨울 안개처럼 흩어질 것이다

바람은 돌아오지 않는다

바람 끝에 간신히 매달려
미련 두고 애원해도
바람은 무심하게 지나간다

어디서 시작된지도 모르는
바람은 어디서 끝날지도 모른다
그냥 모두 지나간다

사랑도 그러하다

겨울 입구

나무들은 기억조차 벗어버리려
나뭇잎들을 땅에 던진다

바람은 차갑고 급해져서 쓸쓸한 이의
등을 더 시리게 한다

거리를 방황하는 낙엽들은
그래도 위로를 받아보려는 듯
누군가의 옷깃 속으로
혹은 누군가의 어깨 위에서
머무는 것도 잠시
시린 겨울바람이 온다

귀향

봄이 오면 먼 산 진달래 철쭉
엄마의 보따리와
그 안에 가득한 나물 그리고 푸른 싱아
흙 내음 온 사방에 가득했던 고향의 언덕
깔깔시끌, 사방에 웃음 가득하던
여름날 밤의 그 골목길

돌아가면 모든 그리움이 허상이었다 해도
고향을 등지고 떠나온 젊은 패기 부질없어
성공일랑, 거창한 꿈을 꾸는
다른 이에게 넘겨주고
남은 생 울궈 먹을 추억 하나
가슴 가득 채우고
고향으로 돌아왔다

겨울나무

비워내고 털어내어 벌거숭이가 되었는데
더 털어내라고 바람이 분다

다 털어낸 맨살에 닿는 칼끝 바람은
살을 에는데
물러서지 않고 버티어 바람을 겪는다

아지랑이 멀리서 손짓하고 기지개 폈던 봄날
겹겹이 입은 검 초록 이파리로 화려했던 여름날
황금빛 옷을 입고 우아한 고독을 즐겼던 가을날

모든 날들을 품고
나무는 온전하게
겨울 견뎌내고 있다

겨울나무의 꿈

이파리는 다 떨궈 내고
가지는 바람에 휘어 부러지고
생의 모든 욕망과 희망 다 내려놓고
가장 초라하고 힘없는
혹한의 자리에서
다가올 봄날을 손꼽아 기다린다

겨울 허수아비

유영숙

시집 해설

유영숙 詩人의 『겨울 허수아비』를 읽고 / 시인 정춘근

| 시집 해설 |

유영숙 詩人의 『겨울 허수아비』를 읽고

시인 정춘근

I. 시작하는 말

지금은 SNS 시대이다. 모든 것이 손바닥 TV라는 스마트폰으로 처리되는 간단하고 단순한 세상이다. 이것은 정보화시대를 예견하고 제3의 물결을 주장한 앨빈 토플러(Alvin Toffler, 1928년 10월 3일 ~ 2016년 6월 27일)의 주장보다 더 빠른 진화라고 생각한다. 매일 새로운 정보가 쏟아지는 시대에 문학은 애매모호한 위치에 있는 것이 사실이다. 사전적 정의만 보더라도 '사상이나 감정을 언어로 표현한 예술'이라고 설명되어 있는데 모든 것이 생활화되어 있는 작금의 시대에는 낡은 분야 심지어 곰팡이 냄새 나는 영역이라는 오명을 받기에 딱 맞은 상황이다. 그런데도 문학이 필요한 이유는 '예술이 인간의 정서를 순화시키는 기능이 있기' 때문이다. 기계 문명에 찌들어 개인주의가 대세이고 황금만능주의 속에 사는 인간의 두뇌 회로를 제자리에 갖다 놓을 수 있는 것이 예술이고 문학이기 때문이다. 이런 주장은 문학을 하는 사람들의 변명으로 들릴 수가 있지만, 실제 우리 주변을 보면 절망적인 상황은 아닌 것으로 판단된다. 봄을 맞아 각 신문사에서 실시하는 신춘문예에 응모하는 예비 작가들이 아직 많고 각 대학의 문예창작과를 지원하는 청소년들이 줄어들지 않고 있다. 또 각 문예지는 신인 작가들을 배출하고 있기도 하다. 또 각 지방자치단체가 주도하는 문화 강좌에는 문예 창작이 꾸준하게 열리고 있고 이곳을 통해 과거 문학소녀 소년이었던 사람들 발길이 이어지고 있기도 하다. 최근 넘지 못할 벽이라고 느꼈던 노벨 문학상을 2024년도에는 소설가 한강(1970년 11월~)이 수상한 것은 우리 문학의 저력을 증명한 것이라 할 수 있다. 이것은 문학판을 선도하는 대가들의 이야기이고 실제 우리 주변에는 자신의 내면에 충실하면서 독창성을 담아내려는 노력을 기울이고 있는 작가들이 많다. 문학을 가르치는 입장에서 보면 이름도 얻지 못한 들판에서 알찬 꽃을 피우고 있는 민들레 같은 작가들이 더 귀하게 보이는 것이 사실이다. 그런 분들이 자신의 영혼을 담은 책을 내겠다는 의지를 보면 언제나 박수를 쳐주고 싶은 마음이다. 책을 한 권 내기 위해 자신의 작품을 꺼내 놓고 밤새 지우고 고치는 작업을 하는 순간이 작가에게는 무엇과도 바꿀 수 없는 행복이고 보람이다. 그것보다 더 중요한 것은 내 작품은 내 마음의 산통을 거쳐 낳은 자식과 같다는 것이다. 멋지지도 않고 예쁘지 않아도 언제나 소중한 자식들이 모여 있는 집(家)과 같은 작품집을 해설하는 것은 선배 작가로서는 영광이라는 생각이 든다. 행여 작가의 마음이 다치지 않으려고 몇 번을 읽고 행간에 감춘 뜻과 또 작품을 쓰면서 느낀 고뇌에 공감하려고 노력하면서 유영숙 시인의 『겨울 허수아비』를 읽어 보았다.

II. 넉넉한 마음으로 사물을 觀照하는 힘

"제가 문학 재능이 있나요?"

이 말은 문예 창작 강의 현장에서 자주 듣는 말이다. 나의 대답은 '언제나 재능이 넘친다.'이다 이런 이야기를 하면 의례적인 답변이라고 생각을 하기 쉽다. 그러나 이것은 사실이다. 요즘처럼 볼 것도 많고 즐길 것도 많은 최첨단 시대에 고리타분한 문학 강의를 듣기 위해 찾아오는 것이 바로 재능이 있다는 증거이다. 이것은 마치 임신부가 시큼한 것을 좋아하는 것처럼 내면에 있는 잠재의식이 문예 창작반으로 이끈 것이기 때문이다. 그런 재능을 키우는 것은 개인의 노력이다. 강사는 문학 지망생들에게 해 줄 수 있는 것이 없다. 내 경험을 빌리자면 30년 전에 우리 지역 선배에게 사사를 받은 적이 있었다. 작품을 써서 우편으로 보내면 전화로 평을 받았는데 매번 지적만 당하고 선배는 탐탁지 않은 반응이 전부였다. 그렇게 1~2년이 지나고 '도대체 어떻게 써야 하냐'고 선을 넘었더니 '내가 손잡고 대신 써 줄까.'라는 대답을 들었다.

그리고 나서 지나가는 말로 '발밑에 뿌리를 볼 줄 알아야 하는데….'라고 했었다. 그 말이 내 창작활동에 전환기가 됐다. 이후 지역 아픔과 정서를 담은 글을 쓰고 있다. 즉 문예 창작 지도는 병아리가 부화할 때 어미 닭이 가만히 보고 있다가 달걀 막을 뚫지 못한 병아리가 생사기로에 놓였을 때 부리로 톡~ 쪼아주는 역할 정도라는 생각이다. 그런 의미에서 유영숙 시인의 글에 대한 해설도 이미 완성된 작품에 힘을 얹어주는 역할이라는 생각으로 읽어보았는데 첫 번째 느낌은 '넉넉한 마음으로 사물을 觀照하는 힘'이 있다는 점이다.

걸어온 길 보다/걸어갈 길이 짧아도/걸어온 길 밑거름 삼아/남은 길 다독여야 하는 11월
- 「11월」 부분

가느다란 한 줄기 바람에도/버텨보지 못하고 툭툭 떨어지는 나뭇잎들은/가을의 축제가 끝났음을/알려주는 폐막식 종이 꽃가루 같다
- 「가을 폐막식」 부분

숨을 쉬며 바라볼 수 있는/바람길을 열어놓고/사랑할 시간보다/그리워할 시간을 갖도록 하자
- 「바람길」 부분

작은 바람들이 죽을힘을 다해 바람꽃을 피우고/사

라지고 또 다른 새로운 작은 바람들이/꽃을 피우기
위해 모여든다/큰바람을 일으키기 위해

― 「바람꽃」 부분

강물이 그대의 한숨 소리를 안고 흐르니/맘껏 한숨
도 쉬어보아라/한숨 소리는 들리지 않는다

― 「태양이 비켜준 저녁 강가에 기대어」 부분

 인용한 5편의 시는 시집 앞부분에 소개된 것들이다. 제목들을 보면 11월, 가을, 바람, 노을 등이 주제로 등장하고 있다. 이것은 계절이 변하거나 시간의 변화 그리고 쉬지 않고 움직이는 바람에 시인의 관심이 모여 있다는 것을 보여주고 있다. 즉 정적인 이미지가 아니라 동적인 이미지를 통해서 떠나는 것을 애정 어린 눈으로 바라보고 또 새롭게 다가올 것에 기대를 보인다. 이것이 작가에게는 중요한 관점인데 사물을 비관적으로 바라보는 염세주의자[厭世主義者]와 세상과 인생을 희망적으로 보는 낙천주의자[樂天主義者]가 되느냐 문제이다. 비관적인 생각은 부정적 시각으로 나타나기 때문에 작품을 읽는 사람에게 좋은 느낌을 가질 수 없게 만든다. 그래서 大家들은 후학들에게 긍정적 글을 쓰라는 것을 항사 강조하고 있다. 그런 관점에서 보면 유영숙 시인 글에서는 앞으로 닥칠 일을 기대감으로 바라보는 것은 앞으로 생명력이 길 것이라는 기대를 갖게 한다.

 우선 일 년의 끝자락이라고 할 수 있는 「11월」을 보면

'지금까지 걸어온 길을 밑거름 삼아 다독이면서 보내야 한다.'는 자신의 긍정적 시각을 드러내고 있다. 얼마 남지 않은 연말을 절망적으로 표현하는 것보다는 읽는 사람에게 힘이 되는 글이라 할 수 있다. 두 번째「가을 폐막식」에서 '겨울을 안내하는 한 줄기 바람에도 우수수 낙엽이 떨어지는 풍경을 가을이 끝나는 폐막 행사로 본 것'은 가을 자체가 유영숙 시인에게는 축제같이 아름다운 계절이라는 것을 묘사하고 있어 눈길을 끈다. 그리고 '바람'을 주제로 한 두 편의 글에서는 '그리워할 시간을 갖도록 하자' '새로운 작은 바람들이/꽃을 피우기 위해 모여든다.'라는 구절은 지나가는 바람을 매정하게 바라보지 않고 '그리워할 시간' '새로운 작은 바람이 꽃을 피운다.'라는 철학적 의미를 담은 글에서는 그동안의 오랜 습작 기간을 거치면서 창작 내공이 깊다는 것을 증명하고 있는 것이라 할 수 있다.

Ⅲ. 주변 환경을 바라보는 따스한 시선

　인류의 영원한 진리를 담은 성경을 보면 요한복음 4장 38절에 "내가 너희로 노력하지 아니한 것을 거두러 보내었노니 다른 사람들은 노력하였고 너희는 그들이 노력한 것에 참여하였느니라" 기록 되어 있다. 이 말은 만물을 창조해서 보냈으니 그것을 보존해야 하는 책임이 있다는 점을 강조한 것이다. 창조한 만물은 환경으로 인간이 마음대로 해서는 안 된다는 점을 이야기하면서 인간과 상호 공존을 생각하는 생태학(生態學, ecology)을 강조하고 있다는 것을 알 수 있다. 이것이 중요한 것은 우리가 추구하는 문학의 최종 귀결점은 '인간=자연'이라는 공감각(共感覺, synesthesia, synæsthesia)을 이루는 것이기 때문이다. 이렇게 자연을 경외심으로 바라보는 시각은 유영숙 시인의 작품 곳곳에서 발견할 수 있는데 소개해 보면 다음과 같다.

> 별들이 흘러 지나가는 은하수처럼/우리 가련한 미생들이/찰나의 작은 미생임을 성찰할 수 있도록/이곳에 다리를 만들어 놓았구나
>
> ―「한탄강 은하수교 위에서」부분

> 그 광활한 벼 바다는/무념무상의 경지에 이르게 하여/모든 괴로움과 고통을 다 벗어던지도록 위로 한다
>
> ―「유월, 소이산에서」부분

> 스쳐 지나가는 인연에 매이지 않으려고/작게 더 작게 피었구나/무심히 지나치면 보이지 않고/자세를 낮추면 보이는 건/마음 두는 눈길은 꼭꼭 지켜내려는 것
>
> ―「제비꽃」부분

내 그림자에 겁먹고 돌아서서 집으로 향하는 내 뒤
로/앞서서 끌어주던 보름달이/이제는 뒤에서 조용
히 밀어준다

-「달과 함께」 부분

곧 쏟아질 눈물의 조짐/그런데 나는 우산이 없다

-「구름의 무게」 부분

 소개한 작품들에는 작가와 주변 환경과의 공존 또는 보이지 않는 갈등이 담겨 있다. 우선 첫번째 글에 등장하는 인간을 미생未生으로 표현하고 있다. 원래 이 단어의 뜻은 '바둑에서 집이나 대마가 아직 완전하게 살아 있지 않은 상태 완생完生 최소 조건인 독립된 두 눈이 없는 상태를 이른다. 즉 완전하지 못한 우리 삶을 이야기하고 있는 것으로 보인다. 그런 미생들이 절벽과 절벽 사이에 걸린 다리를 건너면서 느끼는 자연에 대한 경외심을 잘 표현하고 있는 작품으로 보인다. 또한 유월에 오른 소이산에서 너른 논을 바라보면서 산 아래 내가 살던 곳에서 느꼈던 삶의 고통과 괴로움을 다 벗어던지도록 하는 위로를 받고 있다. 이것은 자연의 조화를 만든 사람에 대한 감사로 이미지를 확장할 수 있게 만든다.「제비꽃」에서는 작은 꽃을 보기 위해 자세를 낮추는 묘사가 등장하는데 이것은 '사물과 눈높이를 같이하는 것. 어린아이 시각으로 세상을 바라보는 순수함'이 문학의 시각이라는 점을 확인시켜주는 작품이라는 생각이다. 네 번째 작품으로 소개된 「달과 함께」에서 달은 작가에게 특별한 의미를 품고 있다. 상허 이태준은 자전적 소설 「사상의 월야」 서문에서 '하나님께선 무엇 때문에 밤을 만드셨나? 밤이, 달밤이 있으므로 말미암아 인류는 얼마나 생각할 줄 알고 생각함으로써 인류는 얼마나 참되어지고 아름다워졌는가!'라고 이야기할 정도로 중요한 문학적 소재가 되고 있다. 그걸 한마디로 정리한 말이 '夢想은 思想의 月夜다.' 이다 이런 의미에서 유영숙 시인의 시는 특별하게 느껴지는데 특히 '앞에서 끌어주던 달이 다시 뒤에서 밀어준다.' 라는 표현은 자신의 삶에서 중요한 시간이라는 점을 드러내고 있는 것 같다. 그렇게 의지하는 자연에 자신이 부족한 존재라는 것을 드러내는 것은 미생의 인간에게는 당연한 묘사일 것이다. 그래서 '자연의 이별 징조로 눈물 같은 비를 뿌릴 것 같은데 자신은 이것을 피할 우산이 없다.' 라는 표현으로 분명한 안타까움을 나타내고 있어서 자연에 대한 존경을 나타내는 것으로 보인다.

이밖에도 유영숙 시인은 「잔설 가지」에서 '누구나 녹지 않은 잔설가지 하나쯤 품고 사는' 나약한 미생을 그리고 있고 「함박눈」에서는 언 듯 보기에는 무질서하게 눈이 내리는 것 같지만 서로 부딪치지 않고 충돌이 있더라도 우아하게 쏟아지는 모습을 통해서 이 질서를 지배하는 분에게 경의를 표하는 복선이 담겨 있어서 보는 사람에게 큰 의미로 다가서고 있다. 또한 「달맞이꽃」에서는 밝은 곳을 지향하는 화려한 꽃들과는 달리 달을 바라는 달맞이꽃의 지고지순한 믿음이 밤보다 암흑 같은 세상에서 필요한 것인지를 노래하고 있다.「선인장 가시」에서는 세상의 먹이가 되지 않고 자신을 지키기 위해 잎이 가시로 변해야 하는 선인장의 아픔을 통해 사막보다 혹독한 세상을 살아야 하는 현대인들의 씁쓸한 자화상을 그리고 있는 것으로 보인다. 이렇게 자연과 공존을 통해서 상생을 추구하는 유영숙 시인의 관점을 주변 사람에게도 같은 심성을 보여주고 있는데 그것을 담아낸 것이「너의 뒷모습」이라고 할 수 있다.

> 우연히 성당 앞을 지나가다
> 녹록지 않은 내 삶의 실타래를
> 혹여 풀어볼까 하여
> 기도실에 들어갔더니
>
> 어깨를 축 늘어뜨리고
> 앞 의자 등받이에
> 엎드려 기도하는
> 너를 먼 발치에서 보았다.
>
> 너의 간절한 기도에
> 나의 소소한 기도를 얹어주고
> 기도소를 슬며시 나왔다
>
> —「너의 뒷모습」전문

IV. 아버지와 고향의 일심동체 이미지화

유영숙 시인의 연보를 보면 청소년기까지 고향인 김화 와수리에서 성장하고 난 뒤에 서울에서 대학을 졸업하고 결혼, 그리고 20년 이상 서울 강남에서 학원을 운영하다 귀향을 한 것으로 나타나 있다. 서울에서 학원을 운영할 정도로 자리 잡았던 생활터전을 뒤로 하고 고향으로 돌아오게 된 것에는 특별한 무엇인가 유인하는 소재가 있을 것 같다. 그것은 시집에 등장하고 많은 시의 중심이 되는 아버지라는 것을 작품을 읽어 보면 알 수 있다. 유영숙 시인이 아버지에 관한 시를 많이 쓴 것은 개인적 취향일 수도 있지만 실제로는 그리스 신화에 등장하는 아가멤논의 딸 엘렉트라로부터 기원하고 있는데 즉 '딸이 아버지를 좋아하는 심리 즉 일렉트라 콤플렉스Electra complex라 할 수 있다. 이것은 남자가 어머니를 좋아하는 심리인 오이디푸스 콤플렉스Oedipus complex와는 반대되는 개념으로 유영숙 시인 작품 '나는 커서 아빠랑 결혼할 거야.'로 시작하는 「어린이날에」에 묘사되고 있다. 유영숙 작가는 자신의 작품에서 아버지를 특별한 대상으로 표현하고 있는 경우가 많은데 이것은 삶에 지대한 영향을 미쳤다는 것을 반증하는 것으로 작품을 소개해 보면 아래와 같다.

아버지는 목수였다//뭐든지 뚝딱뚝딱 마술 부리듯 만들었다/그러고는 그 물건을 사포질하는데(중략)

아버지는 먼 길 떠나고/고향 바람 속에서는 그리운 사포질/소리가 들린다

— 「사포질」 일부

아버지는 가족이 불어나자/허허벌판 갈대 무성한 개울 옆 벌판/볼품없는 땅을 헐값으로 샀다//목수였던 아버지는 우리 다섯 남매를 데려가/땅바닥에 막대기 들고 큰 사각형을 그렸다/방, 마루, 부엌, 헛간 그리고 변소…/큰 사각형 안에 작은 도형들이 그려지고/그것들의 이름이 채워졌다/인건비 아끼며 아버지는 거의 홀로/등짐 지어 나르며 우리들 공간을 이루어내었다

— 「아버지의 집」 일부

위에 소개된 詩는 유영숙 시인의 아버지에 대한 소개 부분이다. 작가의 아버지는 목수를 직업으로 가졌던 것 같다. 유 시인이 살던 김화는 한국전쟁이 거쳐 간 지역으로 폭격으로 집이 다 파괴된 곳이었다. 그래서 휴전 이후에는 집을 짓는 일이 많았고 건축업에 관련된 사람들이 많이 필요했었는데 목수인 아버지는 곳곳에 기둥을 세우고 손에 굳은살이 생기도록 대패질을 했을 것이다. 그것을 통해 가족 생계와 학업을 책임졌을 것이다. 그런 아버지를 바라보았던 딸의 눈에는 무엇이든지 마술사처럼 만들었고 사포질로 다듬어서 부드러운 곡선을 만들어내는 정경을 가슴에 담은 듯하다. 그래서 고향에 돌아와 무심하

게 부는 바람 소리에서 아버지가 몸 냄새 풍기면서 하던 그리운 사포질 소리를 듣고 있는 것이라는 생각이다. 아버지는 김화에서 가정을 꾸리고 자식이 불어나자 직접 집을 지었던 추억을 떠올리는「아버지의 집」은 유영숙 시인이 보여줬던 '인간의 내적 갈등 심리'를 표현하던 문학과는 다르게 현장을 바탕으로 구체적인 묘사를 하고 있다는 것이 눈길을 끈다. 시의 내용을 보면 '허허벌판 갈대 무성한 개울 옆 벌판/볼품없는 땅을 헐값으로 샀다'라는 구절은 서정주 시인의「자화상」'흙으로 바람벽 한 호롱불 밑에/손톱이 까만 에미의 아들'이라고 표현한 가난한 현실을 묘사하고 있다. 가난한 아버지라고 표현하지 않고 당시 상황을 묘사하고 있는 것은 시의 완숙도를 보여주고 있는 것이라 할 수 있다. 다정한 아버지가 다섯 남매를 데리고 가서 땅바닥에 그린 네모가 집이 완성되는 과정을 그린 것은 시가 구체성을 획득하고 있다는 점을 누구나 동의할 수 있게 만든다.

   아버지가 파란 페인트로/칠한 동네에서 가장 멋진 대문

   그 대문 안으로 들어가니/낯선 사람들이 나를 쳐다본다/모든 것이 정겨운데 분명 우리 집이 아니다(중략) 다행히도 꿈이었다

                               -「파란 대문 집」일부

아버지 부르면 목이 메여/이름조차 자주 부르지 못
했습니다/늘그막에 돌아온 고향은/아버지와의 시간
들을 더 자주/가져다줍니다

– 「아버지의 나라」 일부

　위의 시는 유영숙 시인이 귀향을 결정하게 된 경험을 표현한 것이다. 목수인 아버지가 만든 집의 대문은 눈이 시리도록 파란색이었다. 타향에서 생활하던 유 시인은 길을 가다가도 파란색 대문이 보이면 발길을 멈추고 고향 생각을 했던 것 같다. 그런 무의식이 꿈으로 나타나서 문을 열고 집 안으로 들어갔지만 모두 낯선 사람들이 차지하고 있는 경험을 한다. 이런 것들이 귀향을 재촉한 것이라는 생각을 하게 만든다. 꿈에 그리던 고향에 돌아와 이미 다른 나라에 있는 아버지를 그리워하면서 그때 행복했던 기억을 떠올리는 늙은 딸의 모습을 「아버지의 나라」를 통해 전하고 있다. 그런 유영숙 시인에게는 아버지와 연결해주는 특별한 편지가 있는데 그것을 작품으로 형상화하고 있어 눈여겨보게 만든다.

"부모를 향한 효도로 네 인생을 바치겠다는/너의
편지를 읽고 이 아비는 마음이 편치 않았다./물은 거
꾸로 흐를 수 없고/자연의 모든 것은 다음 세대를 위
해 기꺼이/한 세대를 바치는 법/하물며 인간이 거슬
러 사랑을 한다는 것이/얼마나 어리석은 일인지를
말해주고 싶구나.

내가 너희에게 준 사랑이 열이라면/너는 자식에게 열둘을 주어야 한다./열둘을 받은 네 자식은 또한 그의 자식에게 열넷을 주고…/이렇듯 사랑은 아래로 흘러야 한다.

　닭이 알을 품어 병아리가 태어나고/스스로 먹이를 구할 수 있을 때까지는/어미는 자신의 목숨을 걸고 지켜주지만/혼자 힘으로 먹이를 구할 수 있게 되면/가차 없이 어미의 세계에서 쫓아낸단다./곧 너희 힘으로 살아갈 날이 오게 되면/부디 다음 세대를 위한 생을 살아가기를/이 아비는 바란다."

　아버지, 당신의 말씀을 가슴에 새기고/잊지 않겠습니다

　　(2025년 어버이날, 1983년 아버지 편지를 꺼내어보며)
　　　　　　　　　　　　　　　- 「아버지의 편지」 전문

　소개한 시를 보면 유영숙 아버지가 얼마나 현명한 사고의 소유자였는지 알 수 있다. 딸에게 효도보다는 자식들에게 더 많은 사랑을 베풀어야 한다는 점을 강조한 것과 닭의 예를 들어서 '새끼 때는 목숨을 걸고 지켜주지만 성장을 하면 가차 없이 쫓아낸다.'라는 언급을 한 것을 詩 이전에 한 세대를 먼저 살아온 사람의 큰 가르침이라는 생각이다. 그리고 꼭 다음 세대를 위해서 살아야 한다는 말은 요즘처럼 '우리만 잘살자'라는 생각으로 결혼도 하지 않고 출산도 기피하는 세태들은 가슴으로 들어야 할 충고라는 판단이다. 딸과 주고받았던 아버지의 편지는 엄격해 보인다. 그러나 자세히 읽어 보면 딸이 세상을 살아가는 지혜를 알려주기 위해 많은 고심을 했다는 것을 알 수 있다. 그리고 개인적 착각인지 모르지만, 딸의 편지를 받고 몇 번이고 읽어 보면서 눈가에 고여 있을 것 같은 이 시대 아버지의 참모습이 흑백사진처럼 투영되고 있다는 것을 떠오르게 만들고 있다.

V. 겨울 이미지에서 찾아낸 자화상

겨울은 일 년 중에서 가장 혹독한 계절이지만 문학적으로는 풍부한 소재를 제공하는 특징이 있다. 주변에 앙상한 나무들과 살을 에는 듯한 겨울바람 그리고 마법처럼 순식간에 세상을 변하게 만드는 흰 눈 등을 생각하면 감성적 시간이라는데 이의가 없다. 그런 연유로 작가들은 겨울을 다양한 표현으로 그려내고 있다. 정호승 시인은 「슬픔이 기쁨에게」에서 '슬픔이 기쁨을 덮어 버리는 아픔'을 그리고 있는 반면 고은 시인은 「문의 마을」에서 수몰되는 마을의 절망을 '눈길 문의 마을에 가서'라는 표현으로 아름답게 이미지화하고 있다. 또한, 가혹한 추위 앞에서 봄을 기다리는 희망을 노래하고 있기도 하는 등 변화무쌍한 형태로 창작되고 있다. 또한, 양성우 시인의 「겨울 공화국」에서처럼 민중들이 어려운 시기를 살고 있다는 상징으로도 쓰이고 있다. 사물의 다양한 표현을 통해 새로운 형상을 그려내는 문학에서 어떤 감정의 표현은 작가의 고유 몫이겠지만 그것은 지난 경험을 바탕으로 하고 있다는 점을 벗어날 수 없다. 유영숙 시인도 예외 없이 겨울에 대해 남다른 시작 이미지를 시각화 하는 것이 특징이다. 도회지에서 맞이하는 모더니즘한 겨울이 아니라 봄과 같은 청춘을 다 보내고 돌아온 고향에서 맞이하는 공허함 속에 다시 찾는 희망을 다음과 같이 노래하고 있다.

> 흩뿌리는 눈은 뿌연 안개 속에서/시야를 더욱 흐릿하게 하고/이성적 사고의 흐름을 차단해버린다/안개와 눈의 가림막 속에서/차라리 대놓고 한숨을 쉬는 미련이 있다
>
> —「겨울 안개」 일부

> 거리를 방황하는 낙엽들은/그래도 위로를 받아보려는 듯/누군가의 옷깃 속으로/혹은 누군가의 어깨 위에서/머무는 것도 잠시/시린 겨울바람이 온다
>
> —「겨울 입구」 일부

비워내고 털어내어 벌거숭이가 되었는데/더 털어

내라고 바람이 분다//다 털어낸 맨살에 닿는 칼끝 바
람은/살을 에는데/물러서지 않고 버티어 바람을 겪
는다

-「겨울나무」 일부

이파리는 다 떨어내고/가지는 바람에 휘어 부러지
고/생의 모든 욕망과 희망 다 내려놓고/가장 초라하
고 힘없는/혹한의 자리에서/다가올 봄날을 손꼽아
기다린다

-「겨울나무의 꿈」 전문

　인용한 글을 보면 가혹한 겨울을 그려내고 있다. 추위
와 함께 찾아온 겨울 안개는 추위로 화자의 모든 감각을
차단해 놓고 안개로 가림막을 쳐 놓아서 정말로 오리무
중 상태가 되어서 대놓고 한숨을 쉬는 미련이 있다는 인
간적 갑갑함을 드러내고 있다. 이것은 겨울이 삶의 의욕
을 다 통제하고 있다는 것을 지적하고 있는데 「겨울 입
구」에서 가을의 마지막 편지 같은 낙엽들이 사람들에게
도움을 청해보지만, 겨울바람이라는 밀려오는 대세를 이
기지 못하고 있는 각박한 현실을 그려내고 있다. 그렇다
고 해서 삶을 포기할 수 없다는 옹골찬 각오를 보이는데
그것이 「겨울나무」이다. 비우고 털어내고 아무것도 남지
않았는데 가혹하게 부는 칼끝 같은 바람 앞에서 화자의
당당하게 맞이하는 모습 이것은 순리에 순응하려는 삶의
자세로 보여진다. 즉 이런 자세는 『명심보감』에 나오는

'순천자順天子는 존存이요 역천자逆天子는 망亡'이라는 원리와 같이 행동하겠다는 작가의 삶의 양식을 드러낸 것이라 할 수 있다. 가혹한 절망 속에서 희망 즉 가장 어두운 시간이 오면 여명이 가깝다는 원리를 생각나게 하는 것이 「겨울나무의 꿈」이다. 이파리를 떨어내고 가지마저 부러졌지만 다가오는 봄을 손꼽아 기다리는 태도는 삶을 긍정적으로 바라보는 시인의 시각이 담아 놓고 있다는 것을 알 수 있다. 유영숙 시인에게 겨울을 봄이라는 호시절로 가는 통과의례로 생각하고 있다는 것을 공감하게 만든다. 이런 겨울 관련 글들은 아버지와 질긴 끈으로 연결되어 있다. 유영숙 시인이 살았던 김화의 겨울은 대한민국에서 가장 추운 곳이다. 겨울 일기예보가 나오면 철원(김화)은 영하 몇 도나 될까 하는 것이 전 국민 관심사가 될 정도로 겨울 왕국의 대명사이다. 어린 시절 그런 경험을 하고 성장한 유영숙 작가에게 겨울이 고향이고 겨울이 아버지로 상징되는 것은 파격이 아니라 당연한 순리이다. 그런 이미지를 정제해서 빛나는 시로 만들 것이 시집 제목이 된 「겨울 허수아비」라는 판단이다.

추수 끝난 겨울 들판에
지푸라기 허수아비
빈 들판 웅덩이에 켜켜이 얼음이 얼어
외발 붙들려 갇힌 채
어디로 가고 싶은가

외로움 꾹꾹 삼키며 울고 있구나

문득 고향 집에 홀로 남아
도시 불빛에 홀려
고향 떠난 자식들이
행여 외롭지 않을까 걱정하던
내 아버지 같아라

도시 불빛에 뛰어들던 불나방 되었던 나도
날개는 다 타버리고
너덜너덜 상처만 남은 날갯죽지 안고
나 여기 다시 돌아왔노라
겨울 허수아비여, 나의 아버지여

-「겨울 허수아비」전문

  위의 시를 보면 유영숙 시인이 그리워하는 아버지가 형상화되어 있다. 고향에 돌아와 겨울 벌판을 지키고 있는 허수아비에서 아버지의 잔영을 찾고 있다. 딸을 찾아가고 싶지만 외발이 얼음에 갇혀서 어쩌지 못하고 마냥 기다리고 있는 이 시대의 아버지의 쓸쓸한 자화상이 보이고 있다. 외로움을 감추고 속울음을 하고 있어야 했던 아버지, 허수아비가 되어서도 객지로 나간 자식들 걱정을 하고 있을 아버지의 모습을 떠올리면서 읽는 시에서는 진솔함이 눈시울을 젖게 만든다. 또 화려한 도회지 불빛을 찾아 나섰던 나방 같은 딸이 상처와 상한 날개 죽지로 다시 돌아왔을 때 아버지는 지푸라기로 만든 가슴을 열어서라도 편안히 쉬게 하였을 것이라는 생각이 들게 하는 인간미가 넘치는 秀作이라는 평가를 내리지 않을 수 없다.

VI. 나가는 말

시인에게 시집은 그동안의 작품을 정리하는 과정이다. 그렇게 해야 하는 이유가 등단작이 대표작이 되는 참사(?)를 피할 수 있기 때문이다. 작가는 흐르는 물과 같아야 한다. 내가 찾은 이미지 안에서 오랜 기간 머무르는 것은 고여 있는 물과 같아서 살아 있는 작품을 쓸 수 없게 된다. 쓴다고 하더라도 국화빵을 찍어내는 것과 같이 유사한 작품들을 양산하게 된다. 이런 점을 벗어나기 위해서는 '시집은 그동안의 작품을 정리'하는 과정이라는 생각을 가져야 한다. 다음 시집에서는 다른 세계를 찾아가는 구도자와 같은 모습을 보이는 것이 반드시 필요하다는 것을 잊지 않아야 한다. 문학 행사에 참여를 하다 보면 많은 작가들이 '좋은 글 한 편 쓰기 위해서'라는 말을 많이 듣게 된다. 이것은 그 작가에게 대표작이 없다는 의미이다. 이것이 시인에게는 정말 중요하다는 것을 소홀히 해서는 안 된다는 생각이다. 어느 시인 하면 작품 이름이 떠오를 수 있도록 하는 작품을 써야 한다는 판단이다. 즉 작가는 자신의 이름 속에 사는 것이 아니라 작품으로 산다는 것을 잊어서는 안 된다. 그리고 발표된 작품 이름을 지워도 금방 알아볼 수 있도록 하는 독특한 문체와 이미지를 구축해야 한다는 점도 잊어서는 안 될 것이다. 이것은 단기간에 만들어지지 않는다. 지금보다 더 많은 작품을 쓰고 새로운 이미지를 찾는 일을 지속적으로 노력해야 한다. 또한 글은 자연과 사물 속에 있지 않고 사람과 사람 사이에서 그들의 눈물과 한숨 그리고 기쁨을 이야기하는 것 이상도 이하도 아니라는 점을 항상 명심했으면 한다.

 분명한 것은 이번 시집 발간 이후 유영숙 시인의 작품 세계는 괄목 성장할 것으로 보인다. 오랜 타향 생활을 마치고 귀향을 했기 때문에 주변 모든 것이 어린 시절과 연결되어 있고 또 하고 싶은 이야기도 많은 것이다. 그런 것들이 문학의 소재 주인공으로 등장해서 멋진 이야기를 풀어낼 것으로 기대하고 있다. 지금까지 했던 문학 공부를 소홀히 하지 않는다면 틀림없이 고향을 대표하는 시인으로 자리 잡는 것은 시간문제라는 확신으로 해설을 마치고자 한다.

겨울 허수아비

초판인쇄 | 2025년 9월 1일
초판발행 | 2025년 9월 5일

지 은 이 | 유영숙
펴 낸 이 | 배재경
펴 낸 곳 | 도서출판 작가마을
등   록 | 제 2002-000012호
주   소 | 부산시 중구 대청로141번길 3, 501호 (중앙동, 다온빌딩)
           T. 051)248-4145 F. 051)248-0723 E. seepoet@hanmail.net

ISBN 979 - 11 - 5606 - 288-2   03810   정가 12,000원

※ 이 책의 무단전재 및 복제행위는 저작권법에 의거, 처벌의 대상이 됩니다.

※ 본 도서는 2025년 지역문화예술인지원공모사업 '철원문화예술지렛대'의 일환으로
   (재)철원문화재단의 지원을 받아 제작되었습니다.